AF359296

L'INSURRECTION

ET LE

SUFFRAGE UNIVERSEL A LA MARTINIQUE

(1870-71)

L'île de la Martinique a été en 1870 le théâtre d'événements très-graves peu connus en France. Nous étions alors engagés dans une guerre qui absorbait, hélas! toutes nos forces et toutes nos pensées, et nous n'avions ni le temps ni les moyens de nous préoccuper de nos possessions d'outre-mer. L'une d'elles, cependant, la plus riche et la plus importante, courut à cette époque les plus grands dangers. Nous vivons dans des temps tellement sombres et incertains qu'il peut être utile de les faire connaître, afin d'en prévenir le retour et d'éclairer le Gouvernement et l'opinion publique sur les périls de l'avenir, si, ce qu'à Dieu ne plaise, notre malheureuse patrie devait être un jour exposée à une guerre nouvelle.

I

Nos trois grandes colonies, la Martinique, la Guadeloupe et la Réunion, avaient sous l'Empire une organisation essentiellement différente de celle de la France. D'après le sénatus-consulte du 7 avril 1854, les maires, adjoints et conseillers municipaux de toutes les communes étaient nommés par le gouverneur; le conseil général était nommé moitié par le gouverneur et moitié par les conseils municipaux. Dès 1867, le conseil général de la Réunion avait émis le vœu que le régime électif fût introduit dans les trois grandes colonies; le conseil général de la Guadeloupe avait formulé un vœu pareil.

1

Seul le conseil général de la Martinique persistait à repousser cette innovation. Ce conseil, composé de vingt-quatre membres, ne comptait que deux hommes de couleur ; le reste appartenait à la race blanche ; mais cette race était divisée en deux partis très-ardents, se disputant le pouvoir. Sous un régime électif le gouverneur fût resté neutre et aurait laissé les électeurs décider entre ces compétitions rivales ; mais investi du pouvoir que lui donnait, comme nous venons de le dire, le sénatus-consulte de 1854, le gouverneur ne pouvait se soustraire à l'obligation de se prononcer pour l'un des deux partis, puisque maires, conseillers municipaux et conseillers généraux tenaient tous de lui, soit directement, soit indirectement, leur mandat.

Le parti qui fut écarté du pouvoir et évincé du conseil général avait pour chef un homme apartenant à une grande famille, intelligent et énergique, résidant en France, riche propriétaire à la Martinique, aujourd'hui sénateur, et pour journal, la feuille la plus répandue et la mieux rédigée de la colonie, le *Journal des Antilles*. Il n'hésita pas à adhérer au programme des conseils généraux de la Réunion et de la Guadeloupe et à réclamer très-vivement l'application du régime électif et du suffrage universel que repoussaient non moins vivement ses adversaires investis des fonctions municipales et siégeant en grande majorité au conseil général, de par l'autorité du chef de la colonie.

Naturellement, les hommes de couleur, à peu près complétement exclus de l'administration, et une certaine fraction de la race noire, — celle qui était la plus éclairée, — se ralliaient aux créoles qui demandaient le suffrage universel, comprenant bien que grâce à leur nombre ils dirigeraient à leur gré les élections.

Telle était la situation des colonies et particulièrement de la Martinique, au moment où le ministère Ollivier arriva au pouvoir. Ce ministère proclamant l'avénement de l'empire libéral, les partisans du régime électif dans les colonies revendiquèrent avec plus d'ardeur encore leur assimilation complète, politique et administrative à la métropole. Le ministère ne pouvait, sans mentir à son programme, repousser ces vœux ; cependant l'amiral Rigault de Genouilly, ministre de la marine, hésitait, nous en dirons tout à l'heure les motifs, à proposer l'émancipation complète de nos trois grandes possessions d'outre-mer.

Il s'empressa néanmoins de donner une première satisfaction aux partisans des libertés coloniales en substituant aux amiraux des gouverneurs civils. Il fit nommer par l'Empereur, en février 1870, pour le gouvernement de la Martinique, M. de Loisne, préfet du Tarn, et, pour le gouvernement de la Guadeloupe, M. Couturier, directeur de l'intérieur à Fort-de-France. M. de Lormel fut maintenu à la Réunion et les trois colonies virent ainsi se réaliser le plus unanime de leurs vœux. Elles étaient fondées à espérer que le ministre ne s'arrêterait pas dans cette voie. M. de Loisne, prenant possession de son gouvernement, déclarait dans sa proclamation qu'il « serait sans doute appelé à inaugurer la constitution nouvelle que le gouvernement impérial étudiait en ce moment », et il ajoutait : « Vous m'aiderez tous, quand l'heure en sera venue, à passer sans secousse d'un régime à un autre, vous souvenant que plus un peuple est libre et plus il doit respecter les institutions qui le régissent. » Ce haut fonctionnaire ne pouvait tenir un pareil langage, prendre au nom du ministère de tels engagements sans y avoir été autorisé par l'amiral Rigault de Genouilly.

On le comprit ainsi. Le *Journal des Antilles*, mentionnant l'enthousiasme avec lequel le nouveau gouverneur avait été accueilli par la population, ajoutait : « C'est là un symptôme du temps. La population voit en la personne du représentant de l'empereur la réalisation prochaine de la transformation qui lui est annoncée, et elle salue le nouveau gouverneur comme l'homme attendu qui doit enfin acquitter la dette de la mère patrie. »

Le *Journal de Paris* témoignait une confiance moins absolue dans la réforme promise. « Il dépend, disait-il, du gouvernement de maintenir la grande situation qu'a eue à son arrivée dans la colonie le nouveau gouverneur de la Martinique et d'accroître encore son influence sur la population. Il lui suffira de restituer sans aucun retard à ces déshérités, qui attendent avec un si grand calme le suffrage universel et la représentation directe au parlement, qu'ils réclament si énergiquement et que le gouvernement a promis de leur restituer. Tout retard compromettrait l'influence du nouveau gouverneur et *peut-être l'avenir de nos possessions d'outre-mer*... Le temps des atermoiements et des demi-mesures est passé. »

C'était une mise en demeure. Cependant, ainsi que nous l'avons dit plus haut, l'amiral Rigault de Genouilly, quoique bien décidé à faire des concessions libérales, n'avait pas encore jeté les bases de la nouvelle constitution coloniale. La question lui paraissait très-complexe et très-grave. Il se disait que, si l'introduction du suffrage universel pouvait être sans inconvénient à la Réunion, où, grâce au bon sens des populations, les haines de races avaient à peu près disparu, il n'en était pas de même à la Guadeloupe et surtout à la Martinique. Dans cette colonie, l'antipathie entre les blancs, les hommes de couleur et les noirs, était presque aussi vive qu'en 1848, au moment de l'émancipation des esclaves. Nous n'avons pas à rechercher les causes de ce violent antagonisme. Nous pourrions craindre, en les expliquant, de les raviver, et ce serait faire œuvre de mauvais citoyen. Le gouvernement impérial devait en tenir compte, et il pouvait redouter que le conseil général, s'il était élu par le suffrage universel, ne devînt un instrument de parti et ne compromît inconsciemment les intérêts et la prospérité de la Martinique.

Dans nos trois grandes colonies, les conseils généraux ont des attributions bien autrement étendues que n'en ont ceux de la métropole. Les partisans de l'assimilation administrative et politique ne paraissaient pas s'inquiéter de cette différence, qui était pourtant d'une extrême importance. En France, nos assemblées départementales ne peuvent voter des impositions que sur les contributions directes, et ces impositions ont un maximum déterminé par la loi des finances et la loi organique; au delà, il faut une loi spéciale. Dans les colonies, au contraire, les conseils généraux sont, sous ce rapport, de véritables assemblées législatives. Ils déterminent l'impôt, et ils en votent librement la quotité. Ils n'établissent pas seulement des contributions directes, ils établissent également des contributions indirectes, impôts sur les boissons, sur les sucres, octroi de mer qui n'est en réalité qu'un droit déguisé de douane. A la Martinique, la race blanche possède toutes les propriétés rurales et partage avec la race de couleur les propriétés bâties des villes et bourgs. Bien qu'aucun renseignement ne permette d'établir, depuis 1843, le recensement particulier de chacune des trois races, on peut, sans grande erreur, estimer que les créoles sont au nombre de 10,000, les mulâtres au nombre de 50,000, les noirs au nombre de 75,000. Nous ne parlons pas des coolies indiens et chinois qui ne jouissent et ne peuvent jouir d'aucun droit politique.

Dans ces conditions, le suffrage universel devait nécessairement donner dans les élections la majorité aux races de couleur, et on pouvait redouter que les mulâtres ne se hâtassent, au risque de détruire la prospérité de l'île, de modifier le régime financier de la colonie en faisant porter principalement le poids des impôts sur les propriétés rurales et la culture de la canne à sucre, possédées par les créoles. Nous nous empressons de reconnaître que, depuis leur arrivée au pouvoir, les races de couleur ont eu la sagesse de ne pas porter cette atteinte à l'unique source de richesses de la colonie, et que le Gouvernement n'a pas eu à faire usage du droit que lui donne le sénatus-consulte de 1854 « d'interdire la perception de taxes excessives ou contraires à l'intérêt général de la colonie ; » mais plus d'un esprit sage redoutait qu'il n'en fût pas ainsi.

Nous venons d'exposer les arguments que les adversaires de toute réforme faisaient valoir avec une grande énergie, et ces arguments ne laissaient pas que d'ébranler M. l'amiral Rigault de Genouilly. Il savait combien, dans les Antilles, à la Martinique surtout, les races étaient divisées, et quand on ne cessait de lui représenter que le suffrage universel devait infailliblement conduire à la ruine de la classe blanche et à la domination oppressive des hommes de couleur, on comprend qu'il s'effrayait de la responsabilité qui pèserait sur lui s'il assimilait le régime administratif et politique de nos colonies à celui de la France. Il paraissait avoir fait bon marché des délégués que celles-ci entretenaient à Paris, et par conséquent il concédait qu'ils seraient remplacés par des députés, mais quant aux autres concessions, s'il ne cessait d'entretenir les gouverneurs des réformes qu'il projetait, il ne s'expliquait pas sur l'étendue de ces réformes.

La pensée lui vint un instant de faire un compromis entre le régime électif de la métropole et le régime autoritaire de nos possessions d'outre-mer ; et il demanda aux gouverneurs s'ils croyaient possible de constituer les conseils généraux mi-partie de membres élus par le suffrage universel et de membres nommés par le gouverneur. Les conseillers généraux influents de la Martinique, secrètement consultés par le chef de la colonie, répondirent unanimement qu'ils n'accepteraient jamais de siéger par le choix du gouverneur en présence de collègues élus par leurs concitoyens, et que tous les conseillers devaient avoir la même origine. C'était sans doute très-logique ; mais, dans les questions politiques, il faut savoir faire des concessions. Le régime mixte que proposait le ministre est appliqué depuis longtemps dans quelques colonies anglaises sans y soulever d'objections et pour le plus grand bien de ces colonies.

Rien n'était encore décidé dans les conseils du Gouvernement, lorsque la guerre éclata entre la France et la Prusse. On croira difficilement que les gouverneurs de nos possessions des Antilles ne reçurent avis de la déclaration des hostilités que par le paquebot français arrivé le 3 août à la Martinique. La France était pourtant réliée à la Havane par un télégraphe sous-marin, et il était aisé de transmettre au consul général qui résidait dans cette ville l'ordre de prévenir les chefs de nos deux colonies de l'état de guerre, afin qu'ils prissent immédiatement toutes les mesures que nécessitaient les circonstances. Cet oubli de la plus simple prudence aurait pu avoir les plus graves conséquences si les Prussiens avaient eu sur mer cette même hardiesse qu'ils déployèrent sur le continent.

Il y avait dans les premiers jours de juillet 1870 trois bâtiments de guerre allemands dans le golfe du Mexique, l'*Arcona*, frégate à vapeur de 28 canons, la *Niobé*, frégate à voiles portant le même armement, et le *Météore*, aviso à vapeur de trois canons, dont un excellent canon Krupp. Que serait-il arrivé si ces trois navires avaient reçu l'ordre de se diriger tout de suite sur nos deux possessions des Antilles et de les attaquer?... En tenant compte de la marche plus lente de la *Niobé*, il leur fallait une dizaine de jours pour être rendus dans nos eaux. Ils pouvaient donc, le 1ᵉʳ août au plus tard, surprendre et bombarder nos grandes cités coloniales. Ce fut seulement le 3 août, comme nous venons de le dire, que les gouverneurs reçurent avis officiel de la guerre, avec invitation de pourvoir à la défense des colonies, sans attendre aucun secours de la France, ni en hommes ni en argent.

Ils auraient pu du moins compter sur l'arrivée prochaine de la flotte, comprenant six bâtiments de guerre composant la station navale des Antilles. Elle avait, selon l'usage, appareillé à la fin de mai, avant l'hivernage, pour nos pêcheries de Terre-Neuve, dans le but d'assurer l'exécution des traités de pêche et d'éviter à nos marins le redoutable séjour des tropiques pendant l'été. Ces pêcheries étaient reliées à la France par le télégraphe; vingt jours suffisaient à la flotte pour rallier nos Antilles; une partie serait restée au besoin à Terre-Neuve pour y protéger notre possession, et trois bâtiments au moins pouvaient venir mettre à l'abri de toute attaque nos deux grandes colonies. La flotte ne rallia la Martinique qu'à la fin d'octobre, ainsi que cela a lieu chaque année et comme si nous jouissions de la paix la plus profonde.

Le *Journal des Antilles* du 4 août se faisait l'énergique interprète des plaintes et des appréhensions de nos colons : « Où donc, disait-il, est la dépêche qui nous prévient qu'on va renforcer nos garnisons?

Où donc est l'aviso qui nous a été expédié aussitôt que la guerre a été décidée ? Où donc sont les stationnaires qui veillaient autrefois avec tant de sollicitude sur les intérêts de notre commerce ? Où donc enfin se trouve notre escadre des Antilles ? Des bateaux à vapeur partis dès le 16 juillet de tous les points de l'Europe, ont répandu dans toutes les contrées du golfe du Mexique la nouvelle de la guerre, et porté des instructions à qui de droit, et nous, nous n'avons pas même été avertis qu'on s'occupait de notre sort et qu'on allait pourvoir à notre salut. »

Le *Journal des Antilles* déchargeait de cette lourde responsabilité le ministre. Il disait que l'amiral Rigault de Genouilly avait sans doute dû donner tous ses soins et toute son attention à l'armement des flottes destinées à combattre dans la Baltique, mais il incriminait vivement la direction des colonies qui n'aurait dû avoir d'autre pensée que de préserver celles-ci de toute attaque de nos ennemis.

Heureusement le gouvernement prussien paraît avoir, dès le début de la guerre, prescrit à tous les commandants de ses navires d'éviter toute lutte avec la marine française, et de se réfugier dans des ports neutres. Dans la persuasion que l'escadre française des Antilles avait dû recevoir l'ordre de couvrir en toute hâte nos colonies, la *Niobé* et l'*Arcona* quittèrent le golfe du Mexique à la première nouvelle des hostilités et se réfugièrent, croit-on, l'*Arcona* aux Açores, la *Niobé* dans un port de l'Amérique du Nord. Seul, le *Météore*, qui se trouvait en ce moment dans les eaux du Venezuela, resta fièrement dans le golfe, où il donna la chasse à quelques bâtiments de commerce, et même à un paquebot français. En décembre, l'amiral Lefebvre, qui commandait l'escadre de retour à la Martinique, prescrivit au *Destaing* de le rechercher et de l'attaquer. Le *Météore* se trouvait en ce moment dans le port de la Havane. Les deux bâtiments se livrèrent un brillant combat en dehors des eaux espagnoles, en vue de la capitale de Cuba, où ils rentrèrent tous deux désemparés et ne pouvant plus ni combattre ni naviguer. Le *Destaing* se couvrit de gloire dans ce combat; le *Météore* resta jusqu'à la fin de la guerre abrité dans le port neutre de la Havane, observé par un autre navire français et n'osant pas répondre à ses provocations et recommencer une nouvelle lutte.

Un incident singulier qui se produisit dans les premiers jours du mois d'août avait prouvé combien étaient vives les appréhensions de nos colons, que la flotte des Antilles ne protégeait pas alors, et qu'ils attendirent pendant trois mois avec une profonde anxiété. Le sémaphore de la pointe nord de la Martinique avait signalé un vapeur de guerre, sans pavillon, marchant lentement et paraissant faire des sondages en vue de nos côtes. Malgré les coups de canon qui lui avaient été tirés, ce vapeur avait refusé d'arborer ses couleurs, et on fut bien vite persuadé que c'était l'avant-garde de la flottille prussienne et qu'on allait être attaqué. Telle fut l'anxiété à Saint-Pierre que presque toutes les familles qui possédaient des propriétés dans l'intérieur de l'île se hâtèrent de s'y réfugier. Sur l'ordre du chef de la colonie, les artilleurs et l'infanterie de marine se mirent en état de défense dans les forts, et le brave commandant de l'aviso le *Talisman*, seul navire de guerre qui fût resté aux Antilles, appareilla pour aller reconnaître le bâtiment mystérieux. Mais celui-ci avait disparu dans la nuit, et les renseignements que prit le commandant français constatèrent qu'on avait eu affaire à un vapeur américain.

Bien que les appréhensions de nos colons n'aient pas été justifiées, il convient, pour l'avenir, d'en tenir grand compte. Que seraient devenues la Martinique et la Guadeloupe, si, au début des hostilités, ainsi qu'un bâtiment anglais en avait apporté la fausse nouvelle à Saint-Pierre, les trois bâtiments de guerre prussiens avaient appareillé pour venir s'embosser devant Saint-Pierre, la Pointe-à-Pître ou Fort-de-France? Nous n'avions pour toute force navale dans ces eaux que l'aviso le *Talisman* de six canons, car il ne convient pas de compter les deux petits navires qui stationnent dans nos îles à la disposition des gouverneurs, et qui sont absolument impropres au combat.

Cependant le 19 juillet, dès que M. de Loisne avait eu connaissance du discours prononcé le 6 juillet par M. le duc de Gramont, il avait eu la persuasion que la guerre allait éclater. Non-seulement il s'était hâté d'armer tous les forts, mais il n'avait pas hésité à prendre la grave responsabilité de lever des volontaires pour l'artillerie et l'infanterie de marine. Ces mesures, ordonnées coup sur coup, alors qu'on ignorait encore que les hostilités eussent commencé en Europe, jetèrent, on le comprend, une vive inquiétude dans la population. On crut à tort que le gouverneur avait reçu des instructions secrètes par le paquebot arrivé le 19 juillet, et il n'en était absolument rien. On se demandait pourquoi, si la guerre était déclarée, il ne le faisait pas connaître, et pourquoi, si elle ne l'était pas, il hâtait avec tant d'énergie le prompt armement des forts et la levée des volontaires. Le gouverneur ne pouvait rien répondre. Il se disait sans doute que si ses prévisions ne se réalisaient pas, si la guerre n'était pas déclarée, il serait destitué pour avoir agi sans ordres ; mais si les hostilités étaient commencées, il avait du moins l'espoir de pouvoir repousser les Prussiens en cas attaque, et de conserver à la France la colonie qui lui était confiée. Heureusement, comme nous venons de le dire, les bâtiments ennemis qui auraient pu, dès le 1er août, ouvrir le feu contre nos grandes villes d'outre-mer, avaient, à l'exception du *Météore*, disparu providentiellement du golfe du Mexique.

II

Nous avons dit plus haut que de toutes nos colonies la Martinique était celle où l'antagonisme des races était le plus ardent. On ne se rend pas compte de ces sentiments en France ; on n'y peut, par exemple, comprendre que les dames créoles refusent de s'asseoir à la même table ou dans le même salon que des dames de couleur, souvent aussi blanches qu'elles, et comme elles élevées dans les meilleurs couvents et pensionnats de Paris. Ces animosités de races expliquent combien est difficile la tâche des gouverneurs qui ne peuvent les partager, qui sont impuissants à les faire cesser, et qui, représentants de la mère patrie, doivent garder entre elles la même bienveillance et la même neutralité impartiale. Cette conduite s'imposait surtout en 1870, au moment où le gouvernement impérial annonçait des réformes dont il ne précisait pas encore l'étendue, mais qui devaient aboutir à un régime de liberté et d'élections. Il était présumable que ces élections, lorsque la nouvelle constitution serait décrétée, se feraient dans le plus grand calme, et que peut-être même une alliance se formerait entre le parti de couleur et la fraction blanche qui avait demandé le suffrage universel. Cette alliance si désirable contenait en germe, on pouvait l'espérer, la cessation du malheureux antagonisme qui séparait les trois races, et qui sait ? peut-être leur rapprochement ! Un événement imprévu, comme il en arrive, hélas ! quelquefois dans la vie des nations, vint subitement changer la face des choses et couvrir de ruines cette belle colonie !

Un noir, allié aux bonnes familles noires du sud de la Martinique, avait été condamné, aux assises de juin, à cinq ans de réclusion. Il se nommait Lubin. Un jour, se promenant sur la route du Marin, commune située à l'extrémité méridionale de l'île, deux cavaliers arrivèrent sur lui. L'un d'eux, aide-commissaire de marine, lui cria de se garer, et comme il ne se dérangeait pas, il passa près de lui au galop et lui cingla le visage de sa cravache. Lubin résolut de se venger. Il attendit le moment où il pourrait rencontrer seul son adversaire, et, cette occasion s'étant présentée, il se jeta sur lui et lui fit des blessures assez graves pour le forcer à garder le lit plus d'un mois. Cette brutale vengeance devait être punie ; mais les cinq ans de réclusion auxquels Lubin fut condamné parurent excessifs. Comme il n'y a pas de lieu de réclusion à la Martinique, on déporte à Cayenne ceux qui sont frappés de cette peine infamante, et le châtiment est d'autant plus grave, que le climat de Cayenne est, en général, funeste aux noirs des Antilles. Le gouvernement français en jugea ainsi ; car, sur l'avis du gouverneur, pris en conseil privé, il commua la peine en cinq années de détention. Malheureusement, cette commutation ne put être connue à la Martinique qu'en octobre, après les événements que nous allons raconter.

Les races de couleur avaient été exaspérées de l'arrêt de la cour d'assises. Ce fut surtout dans la région méridionale, où résidaient Lubin et sa famille, que cette exaspération éclata avec le plus de violence. Cependant aucun fait de représailles ne se produisit immédiatement. Tous les insulaires avaient les yeux fixés sur la France et attendaient avec anxiété des nouvelles de la guerre. Ces nouvelles étaient rares, et, qui le croirait ? jamais officielles. On ne savait que ce que les journaux racontaient. Celles de France arrivaient par les paquebots partant le 8 et le 21 de chaque mois de Saint-Nazaire et mettant de quinze à dix-sept jours à faire la traversée. Les journaux espagnols de Cuba arrivaient plus fréquemment. Ils contenaient des télégrammes de source privée, espagnols, anglais, allemands, presque toujours faux.

A la fin d'août, on eut par cette voie la nouvelle d'une grande victoire remportée à Gravelotte, et où 70,000 Prussiens auraient été faits prisonniers. La population en montra une joie extrême. A Fort-de-France, blancs, mulâtres, noirs, hommes et femmes se rendirent à l'hôtel du Gouvernement, et pendant plus d'une heure défilèrent avec un enthousiasme indescriptible devant le chef de la colonie. Celui-ci, tout en se montrant sensible à ces démonstrations patriotiques, s'était gardé de suivre l'exemple général et de faire illuminer sa demeure. Il était plus inquiet qu'il ne le voulait paraître, et, dès les premiers jours de septembre, il priait le conseil général de voter les fonds nécessaires pour noliser un vapeur de la Compagnie transatlantique et l'envoyer à la Havane demander des nouvelles à notre consul général. Nous avons dit qu'un câble sous-marin reliait Cuba à l'Europe.

Pendant la traversée de ce navire, les journaux français expédiés de Saint-Nazaire le 21 août, apportèrent à la Martinique les nouvelles des défaites de Forbach et de Wœrth, et des batailles indécises livrées sous Metz jusqu'au 18. L'anxiété fut extrême dans la colonie. Une crise financière et commerciale y éclata, et le travail de la canne à sucre, qui devait commencer en octobre, parut fort compromis, les planteurs manquant d'argent pour payer les salaires. Le gouverneur se rendit à Saint-Pierre. Il avait un double but en faisant cette excursion dans la ville la plus populeuse, la plus remuante et la plus commerciale de l'île. Il voulait accroître la popularité dont il jouissait, afin de s'en servir pour maintenir l'ordre si la France éprouvait de nouvelles défaites; il voulait également, après avoir entendu les notables créoles, la chambre de commerce et les administrateurs de la banque, préserver la Martinique de la redoutable crise financière qui la menaçait.

La première mesure que prit ce haut fonctionnaire fut une mesure extra-légale que les circonstances justifiaient, et que le patriotisme des insulaires accueillit sans protestation. Il défendit l'exportation du numéraire. Il fit en même temps émettre par le Trésor des bons de caisse pour une valeur de 600,000 francs, divisés en coupons de 1 et de 5 francs; enfin, par un échange de 450,000 francs de bons de caisse contre billets de banque, il permit à la banque coloniale de disposer de 900,000 francs « pour donner satisfaction aux besoins du commerce et particulièrement à ceux de l'agriculture. »

Ayant ainsi pourvu au raffermissement du crédit et assuré le travail agricole, le gouverneur attendit le retour du navire qu'il avait envoyé à la Havane. Ce navire arriva le 14 septembre. Le consul général mandait qu'il n'avait reçu aucun télégramme officiel de France, mais que les télégrammes de source privée arrivés à la dernière heure annonçaient la reddition des armées de Mac-Mahon et de Bazaine (*sic*), la captivité de l'empereur et la proclamation de la République.

Ces nouvelles qui n'avaient rien d'officiel, qui n'étaient pas entièrement vraies, puisqu'à cette époque le maréchal Bazaine tenait encore sous Metz, ces nouvelles, que les matelots avaient vues affichées dans les rues de la Havane, ne tardèrent pas à circuler dans l'île et y causèrent une grande anxiété. Le gouverneur résolut de prendre des dispositions militaires pour assurer partout le maintien de l'ordre si les télégrammes privés étaient confirmés. Il prescrivit à l'ordonnateur de faire préparer immédiatement les fortins du Marin et de la Trinité, situés l'un au sud, l'autre à l'est, pour y loger autant de soldats qu'ils pourraient en contenir, et d'embarquer sur le *Magicien* les literies, vivres et munitions nécessaires pour un séjour prolongé. Les troupes devaient partir aussitôt que ces dispositions seraient prises.

Pendant que ces mesures s'exécutaient, le maire de la Rivière-Pilote s'était rendu auprès du chef de la colonie et lui avait exprimé ses craintes, si les mauvaises nouvelles de la guerre venues de la Havane étaient confirmées, de voir les noirs de sa commune se porter à des actes criminels contre l'assesseur Codé, qui avait siégé aux assises dans l'affaire Lubin. De son côté, cet assesseur écrivait au gouverneur pour demander des armes afin de pouvoir défendre sa vie si on l'attaquait. A tous deux, le chef de la colonie répondit qu'un détachement allait s'embarquer pour tenir garnison au fortin du Marin, limitrophe de la commune de Rivière-Pilote, avec l'ordre de se mettre à la disposition du maire pour maintenir l'ordre et défendre, s'il en était besoin, la personne et les propriétés de Codé.

Si nous entrons dans ces détails, c'est qu'il importe de constater qu'à ce moment on ne redoutait que des désordres à la Rivière-Pilote, que nul n'avait l'appréhension d'une insurrection, et que ni les rapports particuliers, ni ceux de l'intérieur (préfecture), du parquet et de la gendarmerie n'en entrevoyaient l'explosion. Plus tard, lorsque la justice et les conseils de guerre cherchèrent par les plus minutieuses investigations les origines de ce mouvement, ils ne purent, par aucun fait sérieux, établir qu'il avait été prémédité. Il fut démontré seulement que des chefs habiles et audacieux avaient tiré parti des désordres qui se produisirent à la Rivière-Pilote pour soulever les noirs du Sud contre la race blanche. Ces désordres étaient prévus ; mais l'insurrection fut toute spontanée et c'est ce qui en augmente la gravité.

Les détachements d'infanterie s'embarquèrent pour tenir garnison dans les fortins du Marin et de la Trinité, aussitôt que l'ordonnateur eut assuré leurs logements et leurs approvisionnements. Lorsqu'ils quittèrent Fort-de-France, le paquebot français était en vue. Les nouvelles qu'il apportait étaient la confirmation de nos désastres. Une dépêche ministérielle informait le chef de la colonie de l'établissement du Gouvernement de la Défense nationale, ajoutant qu'il comptait sur son patriotisme pour rester à son poste et faire face aux événements qui pourraient se produire.

Le lendemain, 22 septembre, le gouverneur donna lecture de cette dépêche sur la Savane, en présence des troupes, de la cour d'appel, de toutes les autorités et, comme s'il avait eu le pressentiment de l'insurrection qui allait éclater, il déclara « qu'il faisait appel aux sympathies chaleureuses que n'avait cessé de lui témoigner la population de Saint-Pierre et de Fort-de-France. Appuyé sur elles, disait-il, je maintiendrai avec fermeté l'ordre et la liberté. . . . Citoyens d'un pays libre, jouissant depuis longtemps et pour toujours des mêmes droits, de la même égalité civile, il n'existe plus, à la Martinique, de causes de dissentiments. J'ai toujours dit et écrit qu'il fallait introduire le suffrage universel dans cette colonie. Vous prouverez que je ne me suis pas trompé. Vous arrêterez vous-mêmes ceux qui pourraient, dans un fol égarement, nuire à votre cause par des désordres, sachant bien que je serai avec vous, que je ne laisserai aucun attentat impuni et que je ne permettrai pas qu'on déshonore votre cause à laquelle je me suis associé, votre nom et cette glorieuse terre de la Martinique. » (*Moniteur de la Martinique.*)

Cette proclamation fut parfaitement accueillie à Fort-de-France et à Saint-Pierre. Dans la première de ces deux grandes villes, où le chef de la colonie la fit en personne, les journaux mentionnent que « ce haut fonctionnaire fut entouré par la foule aux cris de « Vive le gou- « verneur ! » l'assurant par les protestations les plus chaleureuses de son attachement à la France, à la République, à sa personne. Pendant un quart d'heure, ce mouvement spontané se prolongeant avec enthousiasme, le défilé ne put avoir lieu. »

Cette recrudescence de popularité allait être une grande force pour le gouverneur. Elle contribua certainement, en assurant la tranquillité des villes, à restreindre dans le Sud et à y étouffer en quelques jours le mouvement insurrectionnel qui allait éclater.

Le 22 septembre, à deux heures de l'après-midi, le maire de la Rivière-Pilote recevait la dépêche officielle annonçant la bataille de Sedan, la chute de l'empire, la proclamation de la République. Il aurait été d'une sage prudence, avant d'en donner lecture, de faire venir le détachement, caserné à six kilomètres, au Marin, et mis à sa disposition, afin de prévenir les désordres qu'on redoutait. Soit qu'il fût rassuré, soit par toute autre raison, il ne prit pas cette mesure, et dès qu'il eut proclamé la République, la foule qui l'entourait poussa des cris de « Vive la République ! Mort à Codé ! » et se dirigea vers l'habitation de ce créole. Le maire l'y suivit, dans l'espoir sans doute de l'empêcher de se porter à des excès. En même temps, il envoyait une estafette au Marin pour réclamer l'assistance de la troupe. Il était nuit lorsque les noirs arrivèrent à l'habitation de Codé, le demandant à grands cris. Il les avait vus venir de loin et s'était en toute hâte, avec sa femme et sa fille, sauvé dans les champs de canne à sucre. Un nègre du nom de Georges, dont la mémoire doit être pieusement conservée, avait été chargé par lui de veiller sur sa propriété. Il se fit tuer courageusement sur le seuil de l'habitation dont il ne voulut pas livrer le passage et la foule se rua sur son cadavre pour chercher son maître. Ne le trouvant pas, elle brisa les meubles et mit le feu aux bâtiments.

Au moment où les flammes de l'incendie éclairaient la Rivière-Pilote, le lieutenant commandant le fort du Marin y arrivait avec une portion de son détachement. Les noirs, embusqués derrière des maisons du bourg, firent feu sur la troupe, les soldats y répondirent immédiatement et tuèrent plusieurs insurgés.

Il eut fallu agir tout de suite avec une extrême énergie. Le maire avait à sa disposition la gendarmerie, cette poignée de braves et excellents soldats, et le reste du détachement du Marin qui aurait dû être appelé sur-le-champ. Il aurait dû prescrire à l'officier d'attaquer les rebelles et de prendre ou tuer leurs chefs, tous réunis en ce moment dans le bourg. L'état de siége n'ayant pu encore être proclamé, le lieutenant ne pouvait agir en dehors du maire et sans se concerter avec lui. Au lieu de cela, on perdit trente-six heures à parlementer. Pendant cette inaction fatale, le feu était mis à d'autres habitations, le nombre des insurgés augmentait rapidement; ils s'armaient, et, entraînés par leurs chefs, ils se croyaient assurés de se rendre maîtres de l'île et d'en chasser la race blanche. Les chefs leur disaient et répandaient dans toutes les communes voisines la nouvelle que le gouverneur, ancien préfet de l'empire, était destitué, que la colonie n'avait plus de chef, que la flotte était retenue à Terre-Neuve, que les armées de France étaient anéanties. Ils disaient qu'ils en auraient bientôt fini avec le peu de troupes tenant garnison dans l'île, et qu'à l'exemple de ce qui s'était passé à Saint-Domingue en 1802, le moment était venu de chasser les blancs, de prendre leurs propriétés et de proclamer la république indépendante de la Martinique. On comprend combien de tels discours devaient exciter les prolétaires crédules dont ils soulevaient les haines et l'esprit de convoitise.

Le gouverneur reçut dans la soirée du 23 le premier avis de ce mouvement par une dépêche du maire de la Rivière-Pilote, expédiée au moment où l'habitation de Codé venait d'être incendiée et où les noirs avaient fait feu contre le détachement qui arrivait. Cette lettre ne pouvait mentionner que ces deux faits, ayant été écrite en hâte, mais le chef de la colonie comprit qu'un mouvement qui préludait de la sorte devait être très-sérieux et qu'il ne fallait pas se borner à envoyer des renforts à l'endroit seulement où ils venaient d'éclater.

Il avait reçu de France un contingent de quatre-vingts matelots pour le ravitaillement de la flotte laissée à Terre-Neuve, — ce qui semble indiquer qu'au ministère de la marine on avait eu le projet non réalisé malheureusement de rappeler cette escadre dans les Antilles. — Il les arma, les mit sous les ordres du brave commandant du *Magicien*, M. Mourat, nomma celui-ci commandant supérieur, avec pleins pouvoirs, de toutes les communes du Sud mises en état de siége, et fit immédiatement partir le *Magicien* pour la Rivière-Pilote. Il requit le commandant du *Talisman* de mettre à sa disposition tous les officiers et matelots dont il pouvait disposer et les envoya occuper le littoral méridional de l'île. «Le capitaine Delpoux, avec une forte section d'infanterie de marine, recevait l'ordre d'occuper Saint-Esprit, commune importante du centre, et de combiner ses mouvements avec ceux des officiers de marine, à l'effet non-seulement de barrer aux insurgés le passage vers le Nord et les grandes villes de Fort-de-France et Saint-Pierre, mais encore de les refouler dans le Sud et de les y cerner avec les troupes qui y opéraient. Enfin le lieutenant Gemel occupait avec un fort détachement, comme réserve, la commune du Gros-Morne, point culminant de l'île en arrière de Saint-Esprit. » (*Moniteur de la Martinique.*)

Non-seulement il fallait employer la force matérielle, mais la force morale ; à tout prix on devait restreindre dans le Sud le mouvement qui avait éclaté à la Rivière-Pilote et l'empêcher de dégénérer en une guerre de races. Le gouverneur n'hésita donc pas à demander aux villes de Fort-de-France et Saint-Pierre de lui fournir des compagnies de volontaires, blancs, mulâtres et noirs, et ces villes répondirent avec beaucoup d'élan à cet appel. Au fur et à mesure que ces compagnies étaient formées, elles recevaient des armes et étaient dirigées, les unes sur le centre, les autres dans les communes du littoral sud, de telle sorte que les insurgés allaient se trouver enfermés dans un cercle de troupes, et que celles-ci, poussant toujours en avant, devaient, à un moment donné, cerner complétement tous les révoltés.

« Le lieutenant-colonel du génie de Foucault était nommé commandant supérieur du centre et devait concerter son action avec celle du commandant Mourat du *Magicien*, commandant supérieur du Sud. Le commandant par intérim de gendarmerie était chargé de réunir toutes les brigades à cheval et de relier les opérations des deux commandants supérieurs ; enfin le vapeur la *Sonora* portait au gouverneur anglais de Sainte-Lucie une dépêche du chef de la colonie, lui demandant de prendre les mesures utiles pour empêcher l'exportation à la Martinique d'armes de guerre et de munitions, et l'introduction des flibustiers. » (*Moniteur de la Martinique.*)

Fort-de-France, chef-lieu de la colonie, qui devait être l'objectif des insurgés s'ils parvenaient à percer les forces qui leur étaient opposées, était couvert par des avant-postes de francs-tireurs, les rues gardées par les volontaires, les forts et batteries occupés par l'artillerie et l'infanterie de marine, sous le commandement du colonel Daudiffret. Telles étaient les dispositions prises par le gouverneur, qui avait conservé le commandement général.

Les insurgés espérèrent d'abord un succès facile, leur nombre s'accroissait rapidement et le mouvement qui avait éclaté, le 22 septembre, à la Rivière-Pilote se propageait, dès le surlendemain, dans toutes les communes du Sud ; mais alors déjà toutes ces communes étaient défendues par des marins et des soldats commandés par d'excellents officiers investis de tous les pouvoirs. C'était une guerre étrange et difficile. Les noirs ne se montraient nulle part en plein jour. La nuit venue, ils se rassemblaient silencieusement par bandes, se dirigeant tantôt sur une habitation de planteur, tantôt sur une autre ; y mettaient le feu à l'aide du pétrole, et se retiraient aussitôt que l'incendie se propageait et dévorait tous les bâtiments. Ils ne suivaient pas les routes et les sentiers, où ils eussent pu rencontrer les troupes ; favorisés par l'ombre épaisse de la nuit, ils se glissaient à travers les champs de cannes à sucre, vers les demeures des créoles, et, leur œuvre de dévastation commencée, ils se retiraient vers d'autres lieux, fatiguant, par des marches incessantes, les troupes lancées à leur poursuite, au milieu de ces champs, de ces mornes et de ces bois remplis de serpents, où ils trouvaient un asile presque assuré.

Pendant six nuits, ce fut un spectacle affreux. L'île tout entière paraissait être la proie des flammes ; Fort-de-France était cerné par un cercle de feu qui l'éclairait comme en plein jour, et la mer, comme le ciel, reflétait ces sinistres lueurs.

Les insurgés brûlaient les habitations, mais ils épargnaient le petit nombre de créoles qui y étaient restés. Ils reculaient devant l'assassinat. Cependant ils tuèrent, d'une façon atroce, le sieur Codé qu'ils finirent par découvrir, après trois jours de recherches, dans les cannes à sucre. Ils massacrèrent également quelques noirs qui s'obstinaient héroïquement à rester fidèles à leurs maîtres. Ce furent les seules victimes qu'ils firent. Tout en le constatant, il faut ajouter qu'il est impossible de prévoir ce qu'ils eussent fait, si, leur œuvre de destruction accomplie, ils avaient pu parvenir à s'emparer de Fort-de-France et de Saint-Pierre.

On s'explique la terreur qui s'était emparée des familles créoles. Elles faisaient bravement leur devoir, mais elles savaient qu'il ne fallait attendre aucuns secours ni de la France, ni de l'escadre des Antilles laissée ou oubliée à Terre-Neuve. Il y avait à peine dans l'île, 500 soldats valides d'infanterie de marine, 150 artilleurs, 60 matelots du *Talisman*, une quarantaine du *Magicien* et une cinquantaine de gendarmes auxquels il faut ajouter le contingent de matelots arrivés de France pour l'escadre. Il était de toute nécessité de garder de fortes garnisons à Fort-de-France et Saint-Pierre pour préserver ces deux villes, non-seulement contre l'insurrection, mais contre une attaque possible du *Météore*, l'aviso de guerre prussien, qui n'avait pas quitté le golfe du Mexique.

Un fait curieux et qui donnait à réfléchir, c'est que les insurgés poussèrent fréquemment le cri de : « Vive la Prusse ! » Il paraît que la plupart d'entre eux s'imaginaient que les Prussiens n'appartenaient pas à la race blanche. L'instruction judiciaire et militaire qui se fit avec un grand soin, après ces événements, a démontré que les Allemands n'ont été pour rien dans cette insurrection et qu'il est même certain qu'elle fut spontanée. Un chef habile sut profiter des désordres graves qui s'étaient passés à Rivière-Pilote, pour réveiller les haines de race et exploiter, dans un but d'ambition privée, les passions que la condamnation de Lubin avait fait éclater dans le Sud. Il se nommait Lacaille. Mulâtre intelligent et rusé, il exerçait une très-grande influence dans ces contrées où il passait pour sorcier. Il faisait prendre des bains aux noirs dans un mélange de tafia et leur persuadait qu'ils en sortaient invulnérables. Il avait arrêté un facteur et fait lire, par sa fille, aux bandes qui l'accompagnaient, une prétendue lettre du chef de la colonie, annonçant au maire de la Rivière-Pilote le rétablissement de l'esclavage. Comment les insurgés purent-ils ajouter foi à un aussi inepte mensonge, on ne peut se l'expliquer qu'en tenant compte de la violence de leurs passions et de l'extrême crédulité des noirs.

Ce Lacaille avait, pour bras droit, un nègre très-brave, très-hardi, doué d'une grande force musculaire, ayant exercé, à la Rivière-Pilote, le métier de boucher, dans lequel il avait fait d'assez bonnes affaires. Cet homme inspirait à ses congénères une terreur profonde. Lorsqu'après l'insurrection, le chef de la colonie eut promis deux mille francs à qui le livrerait mort ou vif, nul n'osa le dénoncer. Il resta assez longtemps caché dans les mornes, toujours traqué et toujours échappant aux troupes, par la connivence des noirs. Un de ses compatriotes, qui avait à se venger de lui, s'obstina pendant un mois à le poursuivre, sans jamais pouvoir réussir à découvrir sa retraite. Ce nègre réussit sans doute à gagner la Dominique.

Pendant les quatre premiers jours, l'insurrection parut triompher dans le Sud. De tous les côtés, on apercevait la nuit d'immenses incendies, et les troupes ne parvenaient pas à atteindre les insurgés qui, protégés par l'obscurité, se jetaient dans les cannes à sucre et se réfugiaient dans les forêts couronnant les mornes. L'inquiétude était extrême à Fort-de-France où des paniques se produisirent, les sentinelles avancées jetant à plusieurs reprises l'alarme par leurs cris. Ces paniques s'expliquent si on tient compte de l'extrême facilité que les insurgés avaient de se glisser jusqu'à la ville, à la faveur des cannes à sucre hautes en cette saison de plus de deux mètres, et d'incendier avec le pétrole une ville construite tout entière en bois. Un nègre tenta une fois cette œuvre de dévastation. Aperçu au moment où il allait mettre son projet à exécution, il parvint à échapper aux hommes qui le poursuivirent et à gagner la campagne. Mais les insurgés n'osèrent pas franchir la ligne des avant-postes formée par les francs-tireurs, qui échangèrent avec eux quelques coups de fusil. Ils se bornèrent à envoyer plusieurs émissaires pour soulever leurs congénères : cette tentative n'eut heureusement aucun résultat. Ce fut là un bonheur providentiel. Quelques bouteilles de pétrole répandues sur divers points eussent suffi pour réduire en cendres la plus grande partie de Fort-de-France, et nul ne peut dire ce qui serait arrivé si, la ville brûlée, les troupes avaient été obligées de se réfugier dans les forts.

Les inquiétudes des créoles étaient telles, que plusieurs notables prièrent avec instance le gouverneur de demander des secours aux

Anglais. M. de Loisne s'y refusa, déclarant qu'avec le concours des villes et le dévouement des troupes et des volontaires, il était certain de vaincre rapidement l'insurrection. Il fallait se hâter d'y réussir. Cette lutte se prolongeant donnait aux noirs des villes et des campagnes du Nord une haute idée de leurs forces et réveillait chez eux des passions assoupies jusqu'alors. En outre, la nouvelle de cette insurrection se propageant dans les Antilles devait certainement parvenir tôt ou tard à la connaissance du commandant prussien du *Météore*.

On ne paraît pas s'être assez rendu compte à la Martinique de cette redoutable éventualité qui obligea le gouverneur à maintenir de nombreuses garnisons dans les forts et batteries du littoral, et cependant on peut se demander quelle eût été la destinée de notre colonie, si le *Météore* était venu de nuit, en l'absence de l'escadre, brûler les villes, ou se mettre en relation avec les révoltés, leur fournir des armes, des chefs militaires et la direction intelligente qui leur fit défaut...

Le gouverneur eut la pensée de se rendre dans le sud de l'île pour activer la défaite des insurgés; il en fut empêché par le conseil privé qui, à l'unanimité, émit un avis contraire. Ce conseil, composé, comme le veut la loi, de l'ordonnateur, du directeur de l'intérieur, du procureur général et de deux notables, représenta avec beaucoup de raison que la présence du chef de la colonie à Fort-de-France était nécessaire pour y centraliser la défense, maintenir le bon esprit des villes et préserver le chef-lieu de toute attaque des insurgés et de tout désordre intérieur; la lutte restant localisée dans les communes du Sud, on était assuré d'en finir promptement avec l'insurrection.

Cette prévision fut justifiée. Les noirs ne purent traverser le plateau central fortement défendu par les troupes et les volontaires. Les officiers de la marine Mourat et de Bourdonnelle, le capitaine Delpoux de l'infanterie, après avoir repoussé les insurgés de toutes les communes du littoral, parvinrent à les refouler sur les mornes du plateau central. Ils les y surprirent, les y entourèrent et en tuèrent un certain nombre. Ainsi se termina cette insurrection qui avait duré pendant huit nuits et qui, par sa violence et par les circonstances dans lesquelles elle se développa, rappelle les débuts de la révolte de Saint-Domingue en 1802. Diverses causes l'empêchèrent de réussir : la rapidité et l'énergie des mesures militaires prises par le gouverneur en prévision de cette insurrection, pour la localiser et l'empêcher de gagner les villes et les communes du Nord ; le dévouement des marins et des troupes engagées dans cette lutte, le patriotisme et l'union des trois races à Saint-Pierre et Fort-de-France, enfin l'inaction des bâtiments de guerre prussiens et notamment du *Météore*.

Le lendemain de l'attaque des mornes, où s'étaient réfugiés les insurgés, leur chef, Lacaille, se rendit et fut conduit à Fort-de-France ; on eut beaucoup de peine à le protéger contre la foule qui voulait le massacrer. Circonstance singulière, il était écroué précisément au jour et à l'heure qu'il avait désignés, au début de l'insurrection, comme le terme de la lutte et le moment où il entrerait victorieux à l'hôtel du Gouvernement.

I I I

Dès que l'ordre fut rétabli, le gouverneur promulgua un arrêté portant amnistie pour tous ceux, les chefs exceptés, qui n'avaient commis aucun crime de droit commun, assassinat, incendie, pillage à main armée, et qui n'étaient pas arrêtés. Les prisonniers, au nombre de cinq cents, faits pendant l'insurrection, et ceux qui étaient prévenus de crimes devaient être traduits devant les conseils. Les plus coupables furent condamnés à mort et exécutés dans le courant de l'année 1871 ; les autres furent, pour la plupart, déportés à Cayenne.

Cette amnistie partielle, décrétée par le gouverneur, n'était pas seulement un acte d'humanité ; elle avait en outre été inspirée par de sérieuses raisons politiques, et elle reçut à ce titre l'approbation immédiate et complète du ministre de la marine. La plupart des noirs du Sud, qu'ils eussent ou non pris part à l'insurrection, avaient fui leurs demeures et s'étaient réfugiés dans les bois. Des représailles commençaient contre eux ; des cases avaient été incendiées par les volontaires exaspérés à la vue des ruines dont les insurgés avaient couvert le sol. Il fallait arrêter ces représailles, rappeler les volontaires, prévenir les collisions des races, maintenir la bonne harmonie qui n'avait cessé de régner entre elles dans les villes et le nord de l'île, enfin, rassurer les noirs du Sud et les rappeler tout de suite, ainsi que les coolies indiens, au travail.

Lorsque les nouvelles des graves événements que nous venons de raconter parvinrent en France, le ministre de la marine fit partir la frégate *la Victoire*, pour prêter son assistance au gouverneur. Lorsqu'elle arriva à la Martinique, cette île jouissait de la plus complète tranquillité et le travail était repris partout. L'amnistie avait eu cet heureux résultat, et la formation dans toutes les communes, pendant l'insurrection, des compagnies de volontaires décrétée par le chef de la colonie, avait eu pour effet le rapprochement des races. A Saint-Pierre, notamment, où six compagnies de cent hommes avaient été organisées et armées, on voyait ces compagnies, commandées par des officiers créoles et mulâtres, s'exercer chaque jour avec la plus cordiale émulation, et il était permis d'espérer l'apaisement complet des passions.

Deux incidents vinrent subitement et fatalement raviver pour longtemps l'antagonisme des trois races. Un sieur Lagrange, créole de bonne famille, entraîné par la plus déplorable et la plus coupable des ambitions, adressa au gouverneur un écrit rempli d'atroces calomnies contre ses congénères. Le gouverneur supposa naturellement que cet écrit ne lui était pas exclusivement destiné ; mais comme il n'avait pas reçu de publicité, la justice n'en put poursuivre l'auteur. Des instructions furent adressées au directeur de l'intérieur (préfet) et au procureur général, pour surveiller l'introduction de tous les imprimés apportés par les navires, et saisir le pamphlet. Quelques jours plus tard, la douane, en effet, s'emparait de tous les exemplaires de cette brochure, qui avait été imprimée dans une colonie anglaise. Le juge d'instruction de Saint-Pierre, où cette saisie avait eu lieu, prescrivit immédiatement l'arrestation de son auteur.

Nul doute que cet acte n'eût soulevé aucune émotion, si le même jour n'eût été répandue à Saint-Pierre une lettre insérée dans le *Courrier des États-Unis*, où l'auteur anonyme, racontant l'insurrection, accusait les deux races de couleur d'y avoir également pris part, ajoutant qu'à Saint-Pierre, mulâtres et noirs n'attendaient qu'un succès des insurgés pour massacrer tous les blancs.

La calomnie était manifeste, puisque ces mulâtres et ces noirs n'avaient cessé de faire cause commune avec les créoles et avaient fourni le plus fort appoint aux compagnies de volontaires envoyées pour combattre les insurgés. Cette calomnie, propagée par un des journaux américains les plus lus et accrédités en France, souleva, parmi les hommes de couleur, une exaspération égale à celle que la diffamation du sieur Lagrange venait de faire naître chez les créoles. Ne réfléchissant pas que l'auteur de l'article inséré dans le *Courrier* ne pouvait être poursuivi puisqu'il était inconnu, les mulâtres et les noirs, en voyant l'arrestation du sieur Lagrange, accusèrent la justice d'avoir deux poids et deux mesures. Une foule tumultueuse s'assembla, réclamant à grands cris la mise en liberté de Lagrange. Les troupes durent être appelées ; le maire fit des sommations qui paraissent n'avoir pas été entendues ou comprises. On ordonna alors de tirer en l'air sur les émeutiers, qui avaient blessé quelques soldats à coups de pierre ; un noir fut tué dans cette décharge.

L'exaltation fut alors portée à son comble. Le maire crut devoir faire retirer les troupes, annonçant « que le chef de la colonie venait de lui faire connaître, par le télégraphe, son arrivée, et que l'on aurait la liberté de s'adresser à lui pour la mise en liberté demandée. Ce magistrat parvint ainsi à maintenir la tranquillité jusqu'à l'arrivée du chef de la colonie. » (*Le Propagateur.*)

Cette conduite ne manquait sans doute pas d'habileté, mais elle avait le grand tort de laisser supposer que le gouverneur pouvait relâcher un individu que la justice avait fait arrêter. C'était chose grave de donner à croire, à une foule aussi peu éclairée sur nos lois, qu'un gouverneur possédât une telle omnipotence. On le vit bien, lorsque M. de Loisne arriva quelques heures après à Saint-Pierre, amenant avec lui la compagnie de débarquement de la *Victoire*, et une section d'infanterie de marine. L'hôtel du Gouvernement était envahi par un nombre considérable d'hommes de couleur ; on n'avait pas même eu la précaution, avant son arrivée, de fermer cet hôtel et d'y établir un poste. Les rues avoisinantes étaient encombrées par une foule compacte et tumultueuse ne cessant de crier : « Vive le gouverneur ! Justice ! justice ! »

Justice, cela voulait dire la mise en liberté immédiate du sieur Lagrange. Tous ceux qui avaient envahi l'hôtel du Gouvernement pressaient le chef de la colonie de l'ordonner. Celui-ci déclara nettement qu'il ne le pouvait et ne le ferait pas. Alors des avocats s'adressant au procureur général, qui avait accompagné M. de Loisne, lui exposèrent vivement que la mise en liberté sous caution était de jurisprudence en matière de délits de presse. Ce magistrat reconnut la vérité de cette assertion, ajoutant qu'il appartenait au tribunal de se prononcer à cet égard, et les hommes de couleur qui encombraient les salons du Gouvernement se retirèrent, annonçant qu'ils allaient immédiatement s'adresser aux juges.

Ils essayèrent de calmer la foule qui entourait l'hôtel, mais celle-ci,

ne comprenant rien aux questions de droit et attendant tout du chef
de la colonie, ne cessait de s'accroître tumultueusement. Le gouverneur, après l'avoir vainement exhortée à se retirer, donna l'ordre au
commandant de la compagnie de débarquement de la *Victoire* de
faire charger à coups de crosse les émeutiers; en même temps, il faisait prendre ceux-ci en flanc par un autre détachement, et ces char-
ges, vigoureusement exécutées, eurent bientôt mis en fuite les émeutiers, qui avaient essayé de se défendre à coups de pierre, dont quel-
ques-unes atteignirent plusieurs hommes et, entre autres, les deux
aides de camp du gouverneur, qui furent frappés à ses côtés, et le
commandant des marins de la *Victoire*.

L'ordre fut immédiatement rétabli; cependant un grand nombre
de familles créoles abandonnèrent leurs demeures et passèrent la
nuit à bord des bâtiments en rade, redoutant la vengeance des races
de couleur.

Le lendemain, une demande de mise en liberté provisoire sous
caution fut adressée au tribunal qui y fit droit, et dans la soirée le
sieur Lagrange put sortir de prison. Les races de couleur ne cachè-
rent pas leur joie; les créoles, au contraire, manifestèrent, pour la
plupart, la plus vive indignation [1].

Blancs et mulâtres auraient dû réfléchir qu'un tribunal ne fait pas
de politique, qu'il est obligé d'appliquer la loi et que, dans l'espèce,
il ne pouvait refuser la caution qui lui était offerte pour un délit de
presse, puisque l'auteur de ce délit resterait sous la main de la justice et ne quitterait pas l'île. Si les juges, qui ne prirent pour guide
que la jurisprudence, avaient pu écouter la saine raison d'État, ils
n'auraient pas hésité davantage à accepter la caution et à prescrire
la mise en liberté provisoire du prévenu.

Sans doute le chef de la colonie venait de parcourir toutes les communes, théâtre de l'insurrection, et il y avait été reçu par la population avec un véritable enthousiasme; mais il y avait constaté néanmoins la nécessité de désarmer les compagnies de volontaires

---

1. Ils désiraient le jugement immédiat du sieur Lagrange. Les exaltés voulaient
plus encore. Ils demandaient que le gouverneur enlevât à la justice ce prévenu
et, sans autre forme de procès, l'expulsât de la colonie. Cette mesure, dont la
légalité eût été plus que douteuse et qui n'était commandée par aucun motif
sérieux, puisque le sieur Lagrange ne jouissait d'aucune influence sur les races de
couleur, cette mesure fut néanmoins prise huit mois après pendant l'absence du
chef de la colonie. L'auteur du pamphlet évita de cette manière l'année de détention à laquelle il avait été condamné.

formées pendant la lutte. Cette nécessité lui avait apparu plus urgente et impérieuse encore après l'émeute qui venait de se produire à Saint-Pierre où, sauf les dragons exclusivement composés de créoles, pas une compagnie n'avait répondu à l'appel du maire pour rétablir l'ordre. Les déplorables écrits qui avaient provoqué cette émeute venaient de briser violemment le rapprochement qui se faisait dans les villes entre les trois races. La scission était profonde, elle avait ce caractère violent et passionné qu'explique sans doute l'influence du climat. En présence d'une telle exaltation, et lorsque tous les partis étaient armés, il eût été singulièrement impolitique de précipiter dans les quarante-huit heures le jugement du sieur Lagrange. Sa condamnation pouvait être le signal non plus d'une simple émeute, mais d'une lutte entre les trois races.

Le chef de la colonie se hâta de profiter du temps que lui donnait l'ordonnance de mise en liberté provisoire pour faire retirer les armes qui, lors de l'insurrection, avaient été données aux volontaires et pour licencier ceux-ci. Ce désarmement s'opéra successivement et de manière à éviter les froissements; lorsqu'il fut terminé dans toute l'île et lorsque l'effervescence qui régnait à Saint-Pierre fut calmée, le sieur Lagrange fut traduit en police correctionnelle et condamné à un an de prison; la cour d'appel confirma ensuite ce jugement sans que, sur aucun point, aucune émotion ne se produisît. Cependant l'animosité entre les races était si violente que le gouverneur s'était hâté d'écrire au ministre de la marine pour demander avec instance l'envoi immédiat à la Martinique de quatre compagnies d'infanterie de marine. Ces troupes, on le sait, se battaient héroïquement en France et on comprend facilement avec quel regret M. l'amiral Fourichon dut se rendre à cette demande. Mais toutes les lettres arrivant de la colonie confirmaient le rapport de M. de Loisne, et faisaient redouter une prochaine collision des trois races. Des ordres furent donc immédiatement donnés pour retirer de l'armée de la Loire et embarquer de suite quatre compagnies. Tel était le désordre qui régnait à cette époque dans notre malheureux pays, que ces compagnies furent dirigées sur Toulon, y restèrent oubliées jusqu'au 28 janvier 1871, furent alors embarquées sur un transport qui devait d'abord toucher à Oran, puis au Sénégal, puis à Cayenne, de telle sorte que ces troupes, retirées dès novembre du théâtre de la guerre, n'arrivèrent à la Martinique qu'à la fin de mars! Il fallut, en leur absence, que l'autorité déployât dans cette île une fermeté et une prudence extrêmes pour prévenir sur tous les points une collision des races, toujours imminente et dont les résultats eussent été plus graves que ne l'avait été la précédente insurrection.

Nous avons longuement décrit l'émeute de Saint-Pierre, parce que, malheureusement, elle eut pour la Martinique les plus déplorables conséquences. Elle ne rompit pas seulement le rapprochement qui commençait à se faire, elle réveilla avec une intensité inouïe les antipathies, les haines qui séparaient la race blanche et les races de couleur. Jamais peut-être des écrits n'ont eu un effet plus immédiat et plus désastreux que la lettre anonyme insérée dans le *Courrier des États-Unis*, qui diffamait les mulâtres, et le libelle odieux du sieur Lagrange, qui diffamait les créoles.

Pendant plusieurs mois, ce fut un bruit accrédité que des vêpres siciliennes allaient sonner dans l'île et que tous les blancs seraient égorgés. On en fixait à l'avance la date. Ce fut d'abord la nuit de Noël, puis le vendredi saint, puis la nuit de Pâques. Un fait curieux, et qui peint bien l'état des esprits, c'est qu'à Noël, dans certaines communes rurales, les noirs n'osèrent pas plus que les créoles sortir de leurs demeures pour se rendre à l'église. Les uns et les autres étaient convaincus qu'ils allaient êtres massacrés. De toute part, on avait demandé au gouverneur d'interdire les messes de minuit.

Ces folles terreurs n'avaient aucune espèce de fondement, mais elles prouvaient, hélas ! combien les passions étaient ardentes. Ce fut sur ces entrefaites que parut à la fin de décembre le décret du gouvernement de la Défense nationale, rendant aux colonies le suffrage universel et l'élection des conseillers généraux et municipaux et des députés.

Ce décret devait paraître beaucoup plus tôt. Le premier acte de M. l'amiral Fourichon, lorsqu'il prit en septembre possession du ministère de la marine, avait été d'adresser aux gouverneurs l'avis confidentiel qu'il allait proposer au Gouvernement de rétablir le suffrage universel dans nos possessions d'outre-mer. L'insurrection de la Martinique retarda sans nul doute la promulgation du décret qui ne fut signé que le 3 décembre.

Le conseil général de la Martinique était précisément en session lorsque le décret arriva à Fort-de-France. Aussitôt qu'il en eut connaissance, il déclara la session close. Les élections se firent en février 1871, au milieu du calme le plus profond.

Les mulâtres, qui par leur nombre et leur union avec les noirs disposaient du suffrage universel, avaient eu d'abord la pensée de composer le conseil général de douze créoles et de douze hommes de couleur. En agissant ainsi, ils faisaient œuvre de bonne politique. Incertains de l'avenir politique de la France, ils voulaient prouver qu'ils n'étaient pas aussi exclusifs que le prétendaient leurs adversaires. Ce fut à Saint-Pierre que se préparèrent les candidatures. Les créoles eussent dû profiter de ces dispositions pour essayer de choisir les douze conseillers qui leur étaient concédés, et qui adoptés par les comités auraient certainement été élus. Ils auraient ainsi gardé dans la première assemblée du pays l'influence morale dont ils avaient joui jusqu'alors. De plus, il y avait, dans la proposition que leur faisaient les mulâtres, un germe possible de rapprochement des races.

Malheureusement, les créoles ne crurent pas devoir prendre part au travail des comités électoraux. Ils s'étaient montrés très-irrités du décret du 3 décembre. Ceux qui avaient le plus vivement demandé à l'Empire l'établissement du suffrage universel semblaient les plus ardents à le repousser, maintenant qu'il leur était accordé. Ils disaient que cette mesure, appliquée au lendemain d'une insurrection qui avait menacé leur existence et détruit une partie de leurs propriétés, était une mesure déplorable assurant le triomphe de leurs ennemis. Au lieu de protester contre un fait accompli, il eût été, ce semble, plus sage de chercher à en tirer le meilleur parti possible, et certes, un conseil général composé par moitié de créoles et d'hommes de couleur ne pouvait être inquiétant.

La race blanche ne pensa pas ainsi, et à Saint-Pierre elle refusa de se concerter avec les chefs des autres races. Ceux-ci, en présence de l'abstention hautement proclamée des créoles, n'en persistèrent pas moins à en porter un certain nombre sur leurs listes. Seulement de douze, ils réduisirent ce nombre à huit qui furent élus. Le nouveau conseil général allait donc avoir un tiers de ses conseillers appartenant à la race blanche et deux tiers aux races de couleur. Mais sur les huit créoles élus, quatre refusèrent dès le lendemain de leur élection d'accepter le mandat qui leur était confié, et ce refus, vivement approuvé par leurs congénères, blessa non moins vivement les races de couleur.

On voit par le récit que nous venons de faire des événements qui se sont passés à la Martinique pendant la guerre franco-allemande, combien on est loin de pouvoir dire de cette colonie ce

que M. de Mahy disait dernièrement à la tribune de la Réunion :
« Dans notre île, toutes les races sont unies. » Cette union sera lon-
gue à se faire à la Martinique plus encore qu'à la Guadeloupe. Il serait
oiseux et dangereux d'en rechercher les causes et d'expliquer les raisons de cet antagonisme dont chaque parti rejette sur ses adversaires la culpabilité. Qu'on ne s'y trompe pas : pour concilier les trois
races, il faudra plus que le dévouement intelligent des administrateurs, que le zèle charitable du clergé, que la sagesse patriotique des
insulaires qui le désirent, il faudra de longues années d'apaisement,
de tranquillité et de prospérité matérielle. Il importe que notre gouvernement et nos législateurs le sachent et ne se fassent sur ce point
aucune illusion ; *Caveant consules !*

***

PARIS. — IMPRIMERIE DE A. POUGIN, 13, QUAI VOLTAIRE. — 8224.